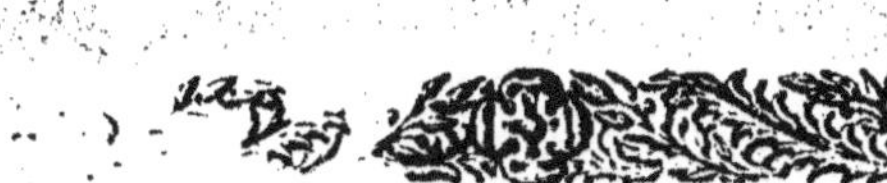

FACULTÉ DE DROIT DE PARIS.

THÈSE

POUR

LE DOCTORAT

SOUTENUE

par

Par René TELLIEZ,

JUGE SUPPLÉANT AU TRIBUNAL CIVIL DE LILLE.

PARIS,
CHARLES DE MOURGUES FRÈRES, SUCCESSEURS DE VINCHON,
Imprimeurs-Éditeurs de la Faculté d. Droit de Paris,
RUE JEAN-JACQUES-ROUSSEAU, 8.

1862.

FACULTÉ DE DROIT DE PARIS.

THÈSE

POUR LE DOCTORAT.

DROIT ROMAIN :

DE LA COMPENSATION.

DROIT FRANÇAIS :

DES BREVETS D'INVENTION.

L'acte public sera soutenu, le jeudi 8 mai 1862,
à deux heures,

Par RENÉ TELLIEZ,
Juge-Suppléant au Tribunal civil de Lille.

Président : M. DE VALROGER, Professeur.

SUFFRAGANTS : MM. PELLAT, VALETTE, ORTOLAN, Professeurs. BATBIE, Suppléant.

Le Candidat répondra, en outre, aux questions qui lui seront faites sur les autres matières de l'enseignement.

PARIS,
CHARLES DE MOURGUES FRÈRES, SUCCESSEURS DE VINCHON,
IMPRIMEURS-ÉDITEURS DE LA FACULTÉ DE DROIT DE PARIS,
Rue J.-J. Rousseau, 8.

1862.

A M. DUFRESNE,

Président du Tribunal civil de Lille.

DROIT ROMAIN.

DE LA COMPENSATION.

A Rome, l'état des personnes offrait des caractères si particuliers au génie des *Quirites,* que nul autre peuple n'a été tenté de s'en approprier les règles (1). C'était l'effet d'une organisation politique qui, absorbant l'individu et la famille dans l'État, sacrifiait tout à l'esprit de nationalité.

A cet égard, l'étude du droit romain n'a guère aujourd'hui qu'un intérêt philosophique et historique. En matière d'obligations, au contraire, les règles du *jus romanum* ont traversé les siècles, et elles forment la base de la législation des peuples les plus avancés en civilisation. C'est dans cette partie du droit surtout que

---

(1) Gaïus, Commentaire I, page 55.

les jurisconsultes romains ont apporté cette sûreté de raison, cette finesse d'aperçus et cette profondeur de savoir, qui feront toujours considérer leurs œuvres comme des monuments de raison écrite.

Aussi, au point de vue pratique, cette matière offre-t-elle à nos études un puissant intérêt.

Les causes génératrices d'obligations sont les contrats, les délits et certains événements, *causarum figuræ*, comme dit Gaïus, dont le droit moderne a fait les quasi-contrats et les quasi-délits.

Les contrats se forment *re*, *verbis*, *litteris*, *consensu*. Dans le droit primitif, les parties recouraient fréquemment à des formes solennelles, afin sans doute de donner à leurs conventions une notoriété qui ne permit pas de les contester. De même, lorsque le débiteur, pour obtenir plus de crédit, voulait s'engager plus rigoureusement envers son créancier, il se soumettait au *nexum*, *nectebat se*.

Lorsqu'en dehors de l'exécution effective de l'engagement les parties voulaient dissoudre le contrat, rien n'était plus naturel que d'employer les mêmes procédés qui avaient servi à le former : *Nihil tam naturale est quam eo quidquid dissolvere quo colligatum est*. Les obligations créées *per æs et libram* se résolvaient *ære œneaque libra* ; la soumission au *nexum* cessait par une *solutio* matérielle : les engagements formés *re*, *verbis*, *litteris*, *consensu*, prenaient fin *re*, *verbis*, *litteris*, *consensu*.

Tels sont les seuls modes rigoureux et logiques d'extinction des obligations. Aussi ne devons-nous pas nous étonner d'avoir vu les Proculéiens nier (1) que la *datio in solutum* fût un mode de dissoudre l'obligation *ipso jure.*

Quant à la compensation, quels étaient ses caractères et ses effets en droit romain? C'est ce que ce travail a pour but de rechercher.

Compenser c'est retenir ce que nous devons à quelqu'un pour nous payer de ce qu'il nous doit.

Les motifs qui ont fait établir ce droit reposent sur une double notion de justice et d'utilité. De justice, car notre créancier ne peut raisonnablement exiger ce qui lui est dû en refusant de payer ce qu'il nous doit, *dolo facit qui petit quod redditurus est* (Paul., Frag. 1, *De doli mali*); d'utilité : *interest nostra potius non solvere quam solutum repetere.*

Le droit de compenser contribue en outre à diminuer les procès: *Interest reipublicæ lites diminui* (Julianus, Frag. 21, *De rebus creditis*). Malgré ces avantages, ce ne fut que lentement et par degrés que la compensation parvint à s'établir dans le droit des Romains. Pour ces esprits rigoureux, la circonstance qu'étant votre créancier de 10,000 sesterces, je suis devenu votre débiteur de pareille somme, ne pouvait faire que j'aie cessé d'être créancier; les deux obligations existaient séparément, et chacune d'elles conservait l'action qui lui était propre.

A cela cependant il y eut d'abord deux exceptions : l'une, concernant l'*argentarius* et le *bonorum emptor;* l'autre, relative aux actions de bonne foi.

---

(1) Gaïus, Commentaire III, § 168.

Les *argentarii* étaient une sorte de banquiers et de changeurs qui faisaient le commerce de l'argent. Payant et recevant tour à tour pour leurs commettants, ils avaient des registres qui constataient d'une manière régulière leur position vis-à-vis de chaque débiteur. On put dès lors, sans leur imposer une lourde charge, les forcer à opérer eux-mêmes la balance de leurs comptes et à ne demander que le reliquat. S'ils demandaient plus, ils tombaient en plus-pétition, et encouraient la déchéance absolue de leurs droits.

Cette compensation toutefois n'était obligatoire qu'entre dettes ayant pour objet des choses de même nature. Quelques juriconsultes, dont Gaïus semble partager l'opinion, exigeaient même que les choses (le vin ou le blé, par exemple) fussent de même qualité. Il paraît excessif, en effet, de frapper de déchéance celui qui, dans l'appréciation d'objets différents de valeur, aurait estimé à un prix trop élevé l'objet de sa créance et à un chiffre trop bas celui de sa dette.

En réalité, ce que le droit romain exigeait des argentiers, c'était une comptabilité exacte et précise. A leur égard, la compensation s'opérait *ipso jure, ex omni causa, sed ex pari specie.*

Les règles étaient tout différentes pour la *deductio* que devait subir le *bonorum emptor*. Quand un débiteur était insolvable et que ses créanciers faisaient vendre ses biens, certains spéculateurs se rendaient adjudicataires du patrimoine de l'insolvable. Moyennant une somme qui fixait le chiffre de son engagement, le *bonorum emptor* pouvait poursuivre les débiteurs de celui dont il avait acheté les biens. Mais il devait mentionner, dans la *condemnatio* de la formule, que certaines déductions étaient à faire au profit du défendeur. Le plus souvent il n'en indiquait pas le chiffre; c'était le juge qui faisait la liquidation nécessaire. Le défaut de *deductio* par l'*emptor bonorum* ne lui faisait pas encourir plus-pétition; seulement, le défendeur pouvait, conformément aux principes généraux, obtenir la *restitutio in integrum*. Si, au contraire, le *bonorum emptor* avait par mégarde indiqué la déduction de valeurs que l'insolvable ne devait pas, il obtenait difficilement restitution; *facilius enim reis prætor succurrit, quam actoribus* (Gaïus, Commentaire IV, § 57.)

Cette *deductio* différait de la compensation en ce que le juge pouvait faire entrer en ligne de compte des dettes de toute nature, et même celles qui n'étaient pas exigibles, la déconfiture ayant enlevé le bénéfice du terme. Ici donc, pas de plus-pétition, et la déduction s'opère *ex omni causa, ex dispari specie.*

Les actions de bonne foi étaient celles dans lesquelles le magistrat conférait au juge le pouvoir de se déterminer *ex æquo et bono.* Dans la formule, l'*intentio* était conçue en ces termes : *Quidquid paret ob eam rem Numerium Negidium Aulo Agerio dare facere oportere bona fide.* En vertu de ce pouvoir, le juge devait tenir compte de tout ce que les parties pouvaient se devoir réciproquement, à raison de l'affaire dont il était saisi. C'est ce qui se comprend facilement, si on se souvient que sous l'empire de la procédure par formules, toute condamnation était pécuniaire. Ici, on le voit, il faut, pour que la compensation s'opère, que les dettes soient *ex eadem causa.*

Quant à l'*actio stricti juris*, il paraît certain qu'à l'origine elle ne donnait pas lieu à compensation. A quelle époque le droit de compenser fut-il admis en ces sortes d'actions? par quelle voie y est-on arrivé, et enfin quels sont les principes applicables à cette matière? A cet égard se produisent plusieurs systèmes qui tous comptent les partisans les plus autorisés.

Une constitution de Marc-Aurèle donna à toutes personnes la possibilité de faire valoir la compensation dans les actions *stricti juris*.

Quelques auteurs pensent que, déjà avant cette époque, la compensation s'opérait dans ces sortes d'action lorsque le préteur, sur la demande du défendeur, ajoutait à la formule l'exception *doli mali*. Cette opinion, exprimée pour la première fois dans les *Prælectiones* d'Antoine Perez (sur le livre IV du titre 31 du Code, § 4), a été adoptée dans ces derniers temps par des esprits éminemment distingués (1).

D'après ce système, la constitution de Marc-Aurèle ne fit que généraliser, en le portant dans le droit civil, ce qui était déjà dans le droit prétorien.

Les principales raisons produites à l'appui de cette opinion se trouvent dans des fragments de jurisconsultes antérieurs au règne de Marc-Aurèle, qui traitent de la compensation et qui paraissent s'exprimer d'une manière beaucoup plus générale que s'il s'agissait uniquement d'actions de bonne foi ou de l'obligation imposée à l'*argentarius*.

(1) M. Frédéric Duranton, *Revue du droit français et étranger*, de MM. Fœlix et Valette, année 1846, et M. Ortolan, *Explication historique des Instituts*, 6e édition, tome III, page 654.

Maintenant, quelle était la conséquence de l'exception *doli mali*, lorsque, dans une action de droit strict, le défendeur l'avait opposée à son adversaire? Le demandeur qui avait persisté dans sa prétention encourait-il plus-pétition, ou bien cette exception donnait-elle seulement au juge le pouvoir d'opérer la compensation et de ne condamner qu'au reliquat? C'est un nouveau point en contestation.

Les uns, se fondant principalement sur des considérations d'équité, pensent que l'exception n'a pour effet que d'autoriser le juge à opérer la compensation. D'autres, se fondant sur l'effet ordinaire de l'exception de dol (1), sont d'avis que, lorsqu'elle est justifiée pour cause de compensation comme pour tout autre motif, elle a pour effet d'emporter déchéance de l'action et de faire absoudre le défendeur. La rédaction de la formule contenant l'exception de dol est catégorique : *Si in ea re nihil dolo malo Auli Augerii factum sit, neque fiat.... condemna; si non paret, absolve.*

Enfin, un texte des sentences de Paul donne raison à cette dernière opinion : *Compensatio debiti ex pari specie et causa dispari admittitur, velut si pecuniam tibi debeam et tu mihi pecuniam debeas, aut frumentum, aut cætera hujusmodi, licet ex diverso contractu, compensare vel deducere debes,* SI TOTUM PETAS, PLUS PETENDO CAUSA CADIS.

Tout le monde au reste est d'accord en ce point, qu'a-

---

(1) M. Ortolan, *Explication historique des Institutes*, 6e édition, tome III, page 651, et M. Pilette, *Revue historique du droit français et étranger*, numéro de mars-avril 1861.

vant Justinien la compensation n'opère que *exceptionis ope*, et non *ipso jure*.

Justinien, dans l'extrait qu'il donne, aux Institutes, de sa constitution dernière, déclare que la compensation aura lieu dans les actions soit réelles, soit personnelles, *ipso jure*.

Deux interprétations principales sont données à ces expressions *ipso jure*. Cujas et Pothier les ont traduites en ce sens que la compensation s'opère *sine facto hominis, sola juris auctoritate;* selon Doneau et Vinnius, il faut induire de ces termes que la compensation n'est pas opérée par la loi, qu'il faut qu'elle soit opposée, mais que, une fois admise, elle produit les mêmes effets que si elle avait lieu au moment où les deux créances ont existé simultanément.

L'intérêt de la question est grand, on le conçoit.

Si la compensation a lieu par la seule vertu de la loi, il faudra en conclure comme conséquences principales :

1° Que le débiteur qui, pouvant se prévaloir de la compensation, ne l'a pas opposée, n'a plus le droit d'exercer sa créance primitive, et qu'il ne lui reste que la *condictio indebiti ;*

2° Que s'il y a plusieurs débiteurs et fidéjusseurs, et que l'un d'eux devienne créancier à son tour du créancier, tous les obligés pourront se prévaloir de cette libération, la dette se trouvant éteinte *ipso facto*.

Récemment un auteur, dont les écrits ont jeté sur cette matière de vives clartés (1) a ramené tous les es-

---

(1) M. Duranton, *Revue du droit français et étranger*, de MM. Fœlix et Valette, année 1846.

prits à l'opinion de Vinnius et de Doneau. Développant les idées de ces jurisconsultes, il établit qu'en droit romain il n'y avait pas de compensation légale, qu'elle fut toujours judiciaire; et, en second lieu, que la compensation une fois opposée rétroagit au jour où les deux dettes ont coexisté. Il ne s'écarte du système de ces anciens auteurs qu'en ce qui concerne la détermination précise de la valeur des mots *ipso jure*, qu'il considère comme voulant dire *sans le secours d'exception*, tandis que Doneau leur fait exprimer *l'effet rétroactif*.

Dans un écrit encore plus récent (1), l'*ipsum jus* signifierait, appliqué à la compensation, qu'elle s'opère suivant le droit romain pur, dégagé de tout élément prétorien; suivant cette dernière opinion, ces expressions devraient s'entendre partout en ce sens.

Ces dissentiments n'ont, d'ailleurs, aucune conséquence pratique : les divers interprètes des mots *ipso jure* étant d'accord en ce point, que la compensation s'opérait par l'office du juge, avec effet rétroactif.

Les principales raisons données à l'appui de cette proposition sont celles-ci :

1° Avant Justinien, la compensation était judiciaire. S'il avait voulu la rendre légale, c'est au titre *Quibus modis tollitur obligatio* qu'il en eût parlé dans les Institutes, dans le Digeste et dans le Code, et non au titre *De actionibus*.

---

(1) M. Pilette, *Revue historique du droit français et étranger*, numéro de mars-avril 1861.

2° Si le principe que la compensation s'opère d'elle-même et malgré la volonté des parties est vrai, la conséquence sera nécessairement que le débiteur qui aura payé, au lieu de compenser, n'aura plus que la *condictio indebiti*. Justinien, cependant, s'appropriant la Constitution 2 d'Antonin Caracalla, la Constitution 6 d'Alexandre Sévère, et la Constitution 13 de Dioclétien, décide que le débiteur conservera son ancienne action. Si on donnait la *condictio indebiti* à celui qui avait payé par erreur une dette qu'il aurait pu compenser (1), c'était parce que la *condictio indebiti* se donnait à celui qui avait acquitté par erreur une obligation contre laquelle il aurait pu se défendre par une exception perpétuelle (2).

3° Justinien admet encore : 1° que le fidéjusseur peut, à son choix, opposer soit la créance qu'il a personnellement contre le créancier, soit la créance qu'a contre ce même créancier le débiteur principal ; 2° que s'il existe deux *correi promittendi*, l'un d'eux ne pourra opposer en compensation ce que le créancier devra à l'autre débiteur. Comment concilier ces dispositions avec le principe d'une compensation légale?

4° L'admission enfin de la compensation opérant *ipso jure* dans les actions *in rem*, prouve également que ces expressions *ipso jure* ne peuvent s'entendre en ce sens que la compensation s'opère *sine facto hominis, sola juris auctoritate*. En effet, pour que la compensation soit

---

(1) Dig., 16, 2, *De compensationibus*.
(2) Dig , 12, 26, *De condictione indebiti*.

possible dans une revendication, il faut nécessairement supposer que le défendeur se trouve, par sa faute ou par d'autres circonstances, dans l'impossibilité de restituer l'objet même de la revendication, et par suite obligé de payer la valeur de la chose et des dommages-intérêts. On comprend qu'alors, mais seulement alors, il oppose en compensation ce qui peut lui être dû par le revendiquant. Le juge devra, en pareil cas, liquider ce que doit le défendeur, et ce n'est qu'à partir de ce moment que la compensation produira son effet. Elle sera donc uniquement judiciaire et nullement légale.

En nous résumant, disons que, malgré ces expressions *ipso jure*, il est certain que chez les Romains la compensation n'était pas une cause d'extinction réciproque des dettes (1), qu'elle ne produisait pas d'effet lorsqu'elle n'était pas opposée, mais qu'une fois opposée, elle rétroagissait au jour où les deux dettes avaient existé simultanément, et produisait l'effet d'un payement réalisé à cette époque.

La théorie qui fait produire à la compensation ses effets, à l'insu des parties et malgré elles, n'appartient pas au droit romain. Lorsqu'elle se produit, elle amène des conséquences tellement étranges, que le législateur est obligé de reculer devant elles.

---

(1) M. Ortolan, *Explication historique des Institutes*, 6e édition, tome III, page 668.

CONDITIONS REQUISES POUR QUE LA COMPENSATION AIT LIEU.

Pour que la compensation ait lieu, il faut que les deux dettes réunissent les conditions suivantes :

1° Qu'elles soient liquides ;

2° Qu'elles soient exigibles;

3° Qu'elles soient de choses fongibles;

4° Enfin, qu'elles ne soient pas au nombre de celles exceptées par la loi.

1° Qu'elles soient liquides :

Une dette est liquide lorsqu'il est constant qu'il est dû et lorsque l'on sait combien il est dû.

Ainsi, une dette litigieuse n'est point liquide : n'y eût-il pas même encore de procès commencé, elle n'en serait pas moins considérée comme non liquide si elle était contestée, à moins toutefois que celui qui prétend compenser n'ait la preuve en mains de l'existence de la dette, et ne soit ainsi en mesure de justifier promptement ses prétentions (1).

Une dette alternative n'est pas non plus liquide. Si, par exemple, je vous dois l'esclave Stichus ou 10,000 sesterces, la compensation ne pourra avoir lieu que lorsque vous aurez fait votre choix. Si vous choisissez l'esclave, ce sera un corps certain que je vous devrai; dès lors il n'y aura pas possibilité de compenser. Si, au contraire, vous choisissez les 10,000 sesterces, et que vous me deviez pareille somme, nous pourrons compenser (2).

(1) Frag. 18, *De compensationibus*.

(2) Frag. 22, *De compensationibus*.

2° Que les deux dettes soient exigibles :

Pour que la compensation puisse s'opérer, il faut que chaque créancier ait le droit d'exiger à l'instant de son débiteur ce qui lui est dû. Si l'on ne doit qu'à terme, il n'y aura pas lieu à compenser; mais il ne faut pas confondre le terme de droit avec le terme de grâce (1). Dans le premier cas, vous ne devez qu'à l'époque convenue, et vous ne pouvez être forcé de payer avant ce terme. Dans le second cas, au contraire, vous devez actuellement, mais des poursuites ne pourront être dirigées contre vous que plus tard. Si, pendant le délai de faveur, vous devenez créancier à votre tour, il est juste que la compensation s'opère.

Lorsque l'une des deux dettes est sous condition suspensive, il n'y a pas lieu à compenser. En effet, tant que la condition n'est pas réalisée, il n'y a pas encore réellement de dette, il y a seulement *spes debitum iri* (2).

Il est cependant un cas où une dette, sans être exigible, est susceptible d'entrer en compensation : je veux parler de la dette naturelle. J'ai promis 100 à Titius par simple pacte, ce qui ne produit qu'une obligation naturelle dénuée d'action. Plus tard, je deviens héritier d'un tiers à qui Titius devait 100 en vertu, non pas d'un pacte, mais d'une stipulation; quand je demanderai ces 100 à Titius, il pourra m'opposer, en compensation, la dette que j'ai contractée envers lui *naturaliter tantum. Etiam quod natura debetur venit in compensationem* (3).

---

(1) Frag. 16, *De compensationibus.*
(2) Institutes, livre III, titre 16, § 4.
(3) Frag. 16, *De compensationibus*, au Digeste.

3° Que les deux dettes soient de choses fongibles :

La compensation n'étant qu'un moyen de payement fondé sur l'idée de justice, il faut, pour qu'elle puisse être opposée, que les objets dus de part et d'autre soient de même nature. Si, en effet, il en était autrement, et que l'on pût, par exemple, compenser de l'argent avec du vin, on arriverait ainsi à forcer le créancier à recevoir autre chose que ce qui lui est dû, ce qui serait inique. Une autre conséquence du même principe, c'est que si la dette est de corps certain, le débiteur ne peut non plus être admis à compenser.

4° Que les deux dettes ou l'une d'elles ne soient pas du nombre de celles exceptées par la loi :

Lorsque les conditions que nous venons d'énumérer sont remplies, la compensation peut avoir lieu, quelle que soit la cause qui ait donné naissance à chaque dette. Je vous dois pour achat; vous me devez en vertu d'une obligation que vous avez contractée envers mon oncle, dont je suis devenu l'héritier; nous pouvons l'un et l'autre invoquer la compensation.

Plusieurs exceptions sont apportées à cette règle générale.

La première concerne le dépôt. Le dépositaire (1) est obligé à rendre la chose, objet du dépôt : *Si quis vel pecunias vel res quasdam per depositionis acceperit titulum, eas volenti ei qui deposuit reddere illico modis omnibus compellatur, nullamque compensationem....... opponat.*

---

(1) L. 11, C., *Depositi vel contra.*

La deuxième est relative au prêt à usage. Ici encore, *res ipsa reddenda est.*

Le droit de compenser est également refusé à celui qui détient injustement les choses qu'il prétend compenser (1). Ainsi, un créancier a détourné l'objet même qui lui était dû; s'il allègue la compensation, elle lui sera refusée.

Une quatrième exception se trouve dans le Digeste, liv. 49, tit. 14, leg. 46, § 5, et au Code, liv. 4, titre 31, loi 3. Il y est dit que ce l'on doit à l'État, pour impôts ou tributs de toute nature, ne peut être l'objet d'une compensation.

Une loi du Code (2) cependant admet la compensation en cette matière, lorsque l'on est à la fois créancier et débiteur du même bureau de perception.

Quant à ceux qui se sont engagés à approvisionner les armées, ils ne peuvent jamais, sous prétexte de retenir ce qui leur est dû, ne pas fournir aux troupes toutes les subsistances qui font l'objet de leurs engagements (3).

Une autre exception à la compensation est relative à la dette d'aliments. Si l'on suppose, par exemple, qu'une rente annuelle a été léguée à titre alimentaire, l'héritier ne pourra opposer au bénéficiaire de cette libéralité aucune compensation à raison de créances qu'il pourrait avoir personnellement contre ce légataire.

En dehors de ces cas particuliers, la compensation

---

(1) L. 14, § 2, *De compensationibus.*
(2) L. 1, C., *De compensationibus.*
(3) ff., L. 20, *De compensationibus.*

s'opère à l'égard de toutes dettes, pourvu qu'elles soient liquides, exigibles et fongibles.

En terminant, remarquons que l'utile enseignement à tirer de cette étude, c'est qu'en droit romain, la compensation n'était nullement légale, comme on l'a prétendu.

Lorsqu'on admet que pour produire effet elle doit être opposée par la partie qui y a intérêt, toutes les difficultés qui peuvent s'élever en matière de compensation trouvent des solutions faciles et justes ; si, au contraire, on pose le principe qu'elle s'opère à l'insu des parties et malgré elles, on est obligé d'édicter immédiatement des exceptions tellement nombreuses, qu'elles infirment la règle, loin de confirmer le principe.

DROIT FRANÇAIS.

DES BREVETS D'INVENTION.

Les temps ne sont pas éloignés où les hommes étant divisés en deux classes, libres et esclaves, nobles et serfs, le travail était le lot des serfs et des esclaves.

La force, alors, était le titre par excellence de la propriété. Son empire, heureusement, a disparu. Le travail est entré en honneur : vrai souverain de notre époque, c'est lui qui dispense aujourd'hui tout ce qui sollicite et élève les facultés. Il a supprimé les classes, organisé l'ordre essentiellement mobile des rangs, et tel homme, qui de ses mains a préparé la laine où le chanvre, se voit appelé aux positions sociales les plus élevées.

« Où sont donc nos ancêtres à nous qui datons d'hier,
« disait dernièrement un des hommes les plus éminents

« de notre époque (1); qui nous a menés les uns à la « fortune, les autres au pouvoir; ceux-ci aux sommités « de la science ou des lettres, ceux-là à la gloire mili- « taire ou civile? Le travail, l'instruction et le courage. « Il me semble entendre la France dire à tous les ci- « toyens : Allez, enfants, le champ est libre à tous ceux « qui veulent user de leurs facultés. Allez, il y a place « au soleil pour quiconque travaille et persévère. »

Sous l'influence de ces idées nouvelles, l'industrie, ce genre de travail qui soumet la matière aux besoins de l'humanité, a pris une importance qu'elle n'eût à aucune époque ni dans aucune société. Appuyée sur les sciences qui l'éclairent et la dirigent, elle ouvre des horizons sans limites, et l'esprit reste frappé d'étonnement en présence des progrès déjà si rapidement et si merveilleusement accomplis.

A ce développement, deux résultats principaux sont attachés. Le premier, l'amélioration du bien-être physique, n'a pas besoin d'être démontré; le deuxième, la stabilité dans les institutions politiques et sociales, trouve des incrédules; et, cependant, n'est-il pas évident que des hommes parmi lesquels l'habitude du travail, l'intelligence et le besoin du bien-être auraient suffisamment pénétré ne pourraient aimer le désordre et encore moins chercher à en être les fauteurs ?

« A mesure que le travail se répand et se perfec- « tionne (2), à mesure que l'instruction pénètre dans les

(1) Discours de S. Exc. le Ministre de l'Instruction publique à la distribution des prix de l'Association polytechnique et philotechnique. (Séance du 9 février 1862.)

(2) Discours cité plus haut.

« intelligences, non-seulement la force et la prospérité « de l'État augmentent, mais, ce qui est plus désirable « encore, les esprits s'élèvent, les mœurs s'adoucissent, « la véritable égalité s'établit, et l'antagonisme des « classes de la société, source de tant d'agitations et de « malheurs, disparaît pour faire place à la pure et « grande idée chrétienne, au droit commun de l'huma- « nité.

« Les plus grandes difficultés que les peuples ren- « contrent dans leur marche ascendante naissent de la « misère et des préjugés. »

Je crois donc que si l'hommage rendu au travail est la plus belle gloire de notre époque, il est en même temps l'élément le plus sûr de notre bien-être et de notre sécurité.

Les lois n'étant autre chose que la manifestation du contrat social, on ne comprendrait guère que dans une société où l'industrie a pris une telle importance, les causes principales de ses progrès ne fussent point l'objet de dispositions législatives.

Parmi ces causes, le génie d'invention, occupant la première place, devait nécessairement attirer l'attention du législateur et fixer à un haut degré sa sollicitude.

Le but de ce travail est d'exposer :

1° Quelle a été notre législation, en matière d'inventions, depuis que l'industrie a pris une place marquée dans la société française;

2° Ce qu'elle est aujourd'hui;

3° Enfin, quelles sont les modifications que peut appeler la loi existante.

Ajoutons de suite qu'un projet de loi sur les brevets

d'invention est en ce moment soumis aux délibérations de l'assemblée législative.

HISTOIRE.

Dans l'ancienne France, l'idée d'infériorité et de servitude étant attachée à l'exercice du travail, les rois et les seigneurs étaient considérés comme maîtres du travail de leurs sujets et de leurs vassaux.

Mais à côté de ces hommes qui, inféodés à la terre, appartenaient au seigneur comme la terre elle-même, vivaient des artisans et des commerçants qui, pour se défendre contre les rapines et les vexations de la noblesse et du clergé se réunirent en corporations.

Lorsque les villes peuplées en majeure partie de ces artisans engagèrent la lutte contre la servitude féodale, elles avaient préparé dans l'établissement des corps de métiers l'élément essentiel de leur force militaire. Ces communautés étant ainsi organisées, elles rédigèrent des statuts qu'elles firent autoriser tantôt en récompense de services qu'elles rendaient à la royauté dans ses luttes contre la féodalité, tantôt moyennant finance.

Telle fut l'origine de ces maîtrises et jurandes, qui excluaient de tel ou tel travail industriel tous ceux qui n'avaient pas acquis le droit de s'y livrer par leur affiliation à l'une de ces corporations jalouses.

La féodalité vaincue, le gouvernement s'accoutuma à se faire une ressource des taxes imposées sur ces communautés, en échange des privilèges qu'il leur accordait.

« C'est sans doute, dit le ministre-philosophe Turgot,

l'appât de ces moyens de finance qui a porté l'illusion jusqu'au point d'avancer que le droit de travailler était un droit royal que le prince pouvait vendre et que les sujets devaient acheter. Hâtons-nous, ajoute-t-il, de répudier une telle maxime. Dieu, en donnant à l'homme des besoins et en lui rendant nécessaire la ressource du travail, a fait du droit de travailler la propriété de tout homme, et cette propriété est de toutes la plus imprescriptible et la plus sacrée. »

Nobles paroles qui précédèrent l'édit de 1776, prononçant la suppression des maîtrises et des jurandes.

Ce qu'avait proclamé le grand ministre, c'était le droit à la liberté du travail. Dénaturant ce langage, des esprits égarés y ont trouvé prétexte aux doctrines les plus étranges, et de nos jours, où le travail a conquis toutes ses franchises, comme tous les conquérants, il a voulu se faire oppresseur à son tour. Non content d'avoir vu ses droits reconnus, il a voulu les substituer à tous les autres droits. Oubliant ainsi que s'il veut conserver la place qu'il occupe, il ne le peut qu'à la condition de respecter les principes sans lesquels on retombe dans cet état de troubles et de violences où, de tous les droits, le sien est le premier méconnu et détruit.

Pour réaliser une réforme aussi importante que celle qui consistait à supprimer les maîtrises et les jurandes, des précautions transitoires étaient nécessaires. Elles n'avaient pas été suffisamment prises. L'édit tomba avec le ministre qui l'avait obtenu, et les priviléges des corporations durèrent jusqu'à la Révolution.

Mais là n'étaient pas les seuls obstacles que rencontrât le génie d'invention. Colbert, qui cependant fit de si grands efforts pour le développement de l'industrie et du commerce, avait trouvé établi un régime dont il usa beaucoup : celui des règlements.

En ne considérant que l'époque à laquelle l'industrie française a pris naissance, c'est un point contestable de savoir si alors l'État a eu tort ou raison de réglementer, pour chaque genre d'industrie, le mode de fabrication, la nature et la qualité des matières à employer. Pour les étoffes, on alla jusqu'à déterminer leur longueur et leur largeur.

Sous Colbert déjà les règlements n'étaient plus qu'une gêne, comme il le déclare lui-même dans son testament, en demandant leur suppression.

Et cependant, avant et après lui, le nombre en devint incalculable.

« Partout, dit Roland de la Platrière, l'administration a pris l'ouvrier par la main et elle lui trace la route qu'il doit suivre, avec défense de s'en écarter sous les peines les plus sévères. »

En présence de cette double prohibition de s'immiscer dans une opération industrielle, si on n'était pas de la corporation à laquelle le droit d'exercer ce genre de travail était accordé, et de travailler d'une manière autre qu'il était déterminé, que pouvait être l'essor du génie d'invention? Peu de chose, assurément.

A cela, il est vrai, il y avait un remède : l'obtention de priviléges qui étaient au bon plaisir du roi. Mais que de démarches et de peines pour ceux qui les sollicitaient! Que de largesses onéreuses pour écarter les obstacles qu'échelonnait sur les pas de l'inventeur la cupidité des employés subalternes et supérieurs; et que le mérite de l'invention elle-même était peu de chose là où étaient si puissantes l'intrigue et la faveur!

Si défectueux cependant que fut ce mode de récompenser les inventions, son utilité se fit assez sentir pour qu'une législation le consacrât.

Après avoir, dans son préambule, reconnu d'un côté la nécessité de récompenser les découvertes industrielles, et de l'autre, celle de limiter les droits qui pouvaient être accordés aux inventeurs, la déclaration du 24 septembre 1762 établit les règles suivant lesquelles les privilèges s'exerceraient, et elle fixa à quinze années la durée de leur jouissance.

Cette loi est le point de départ de notre législation en matière de découvertes industrielles.

Bientôt après vinrent les lettres de Marly, du 5 mai 1779, qui accordèrent la liberté de fabriquer en dehors des règlements.

Tout était prêt pour une réforme lorsque éclata la révolution.

Dans la nuit du 4 au 5 août l'Assemblée constituante abolit les maîtrises, les jurandes, et proclama le grand principe de la liberté du commerce et de l'industrie.

Mais dans cette mémorable déclaration, les droits de l'inventeur eux-mêmes avaient disparu. Les lois de janvier et de mai 1791 ne tardèrent pas à réparer cette erreur.

« Considérant, dit la loi de janvier, que toute idée nouvelle dont la manifestation et le développement peuvent devenir utiles à la société, appartient primitivement à celui que l'a conçue; que les principes de justice, d'ordre public et d'intérêt national, commandent impérieusement de fixer l'opinion sur ce genre de propriété par une loi que la consacre et la protège ;

« Décrète :

« Toute découverte ou nouvelle invention est la propriété de son auteur.

« La loi lui en garantit la pleine et entière jouissance, suivant le mode et pendant le temps ci-après déterminés. »

Le mode, c'était une demande accompagnée de description.

Le temps, cinq, dix ou quinze années, au choix de l'inventeur.

Cette législation, on le voit, avait des bases simples : elle garantissait à tout inventeur non un droit de propriété perpétuelle, mais un droit de jouissance exclusive pendant un temps limité, sous la condition, qu'à l'expiration de son monopole, il livrerait sa découverte à la société.

Ce principe qui concilie le droit de l'inventeur avec les intérêts généraux, avait été adopté par la législation anglaise de 1623 et par l'acte constitutionnel des États-Unis, en 1787. Il est encore aujourd'hui celui de toutes les législations européennes, et il a pour lui la sanction de l'expérience.

La loi de mai 1791 ne fit guère que réglementer le mode suivant lequel les titres au droit exclusif de jouissance seraient délivrés, sous la dénomination de brevets d'invention.

Les principales dispositions de ces deux lois, qui se complètent mutuellement, furent :

Que tout moyen d'ajouter à quelque mode de fabrication que ce soit un nouveau genre de perfectionnement, était une invention;

Que quiconque apporterait le premier en France une découverte étrangère, jouirait des mêmes droits que s'il en était l'inventeur;

Que le brevet serait accordé, sans examen préalable, aux risques et périls du demandeur;

Qu'à l'expiration du brevet, la description serait rendue publique, et que l'usage en serait permis à tous;

Qu'il y aurait lieu à l'annulation du brevet, si la découverte n'était pas nouvelle, ou si elle était contraire à l'ordre public, ou si, en donnant sa description, l'inventeur avait célé ses véritables moyens d'exécution.

Ajoutons, enfin, que la sanction pénale consistait en une amende égale au quart des dommages-intérêts alloués à l'inventeur ou à ses ayants droit.

Sous ce nouveau régime, plusieurs personnes s'étant fait breveter pour des plans financiers, intervint une loi qui abolit les titres obtenus pour des établissements de ce genre.

Parmi les dispositions législatives qui suivirent, il faut remarquer celles de la loi du 25 janvier 1807, qui décidèrent que les années de jouissance commenceraient le jour de la demande, et celles de la loi du 25 mai 1838, qui enlevèrent à la juridiction des tribunaux inférieurs les actions en matière de brevets d'invention pour en attribuer la connaissance aux tribunaux de première instance.

Loi du 5 *juillet* 1844.

Telle fut jusqu'en 1844 la législation sur les découvertes industrielles.

Tout en confirmant la sagesse de ses dispositions principales, l'expérience y avait signalé des lacunes et même de graves erreurs.

Dès 1828, une commission d'hommes spéciaux avait été chargée de rechercher quelles étaient les modifications qu'appelait la loi alors existante.

En 1832, on rédigea un projet de révision, sur lequel on appela l'examen d'une commission nouvelle et celui des conseils généraux de l'agriculture, du commerce et des manufactures.

Ce ne fut, cependant, qu'en janvier 1843, c'est-à-dire après quinze années d'études, que le projet de loi fut soumis à la Chambre des députés par M. Cunin-Gridaine, alors ministre du commerce.

Disons-le de suite, peu de lois ont été l'objet de discussions aussi longues et aussi approfondies, et cependant, telle est la difficulté de la matière, qu'aucune partie de notre législation n'a été l'objet de critiques plus nombreuses et plus vives.

Quelle est la nature du droit de l'inventeur?

Est-ce un droit de propriété préexistant à toute déclaration de sa légitimité, comme l'a dit Mirabeau?

Ou bien, est-ce un droit de récompense résultant d'une sorte de contrat intervenu entre la société et l'inventeur?

Première question sur laquelle, alors comme aujourd'hui, les esprits les plus éminents ont été et sont en désaccord.

Les idées sont filles des idées, dit-on d'un côté, l'humanité creuse pendant des siècles. Un homme donne le dernier coup de sonde et la vérité jaillit. Est-ce à lui seul qu'elle doit appartenir? La pensée mise au jour n'appartient-elle pas à tous ceux qu'elle pénètre, comme l'air, comme la lumière?

Et d'un autre côté : un homme a fait une œuvre intellectuelle ; pourquoi ses droits sur cette œuvre ne seraient-ils pas aussi saints, aussi imprescriptibles que ceux du travail manuel? Comme philosophe, dit M. de Lamartine, nous serions disposé à proclamer la perpétuité de ce droit; comme législateur, notre mission est autre. En pareille matière il faut que la société jouisse sans dépouiller, et il conclut en demandant pour les productions de l'intelligence un droit de propriété temporaire.

En ce qui nous concerne, si nous osions émettre une opinion, nous dirions que lorsqu'il s'agit d'un principe comme celui de la propriété, le proclamer pour lui dénier ensuite toutes ses conséquences, est non-seulement illogique, mais dangereux.

Dans ces discussions de la loi de 1844, auxquelles ont pris part tant d'hommes éminents, il est un travail qui restera comme un monument de clarté et de haute raison, c'est celui de M. Philippe Dupin (rapport du 5 juillet 1843).

« Quel est, dit-il, le droit de l'inventeur, est-ce un droit naturel ou un droit concédé? est-ce une propriété ou une indemnité?

L'exposé des motifs pose timidement cette question sans la résoudre. Abordons-la franchement. Les mots représentent des idées et ici ils représentent plus que des idées, ils représentent des droits.

La propriété est inviolable et sacrée. Nul ne peut en être dépouillé que par son abdication ou par une expropriation avec indemnité préalable. Que devient ce principe posé par l'Assemblée constituante, en présence des dispositions de l'art. 1er de la loi de janvier 1791 :

« Toute découverte est la propriété de son auteur. La loi ne lui en garantit la jouissance *que suivant le mode et pendant le temps ci-après déterminés.* »

Qu'est-ce donc que cette propriété qui n'est même pas viagère? qui ne doit durer que cinq, dix ou quinze années? qui ne peut s'asseoir ou qui s'évanouit faute d'une taxe acquittée, d'un parchemin obtenu? qui périra parce qu'on ne l'aura point exploitée pendant un an ou deux, et dont la précaire existence est sans cesse menacée de déchéances?

Ou ce n'est pas une propriété, et on a tort de lui en donner le nom ; ou c'est une propriété, et alors on a tort de lui en refuser les effets. Car la société, la civilisation et la loi reposent sur le droit de propriété, et à quelque chose qu'il s'applique, on ne peut y porter atteinte sans ébranler l'ordre social.

Pour l'inventeur, dit-il encore, ce qu'il s'agit de savoir, c'est si la conception de son intelligence étant communiquée aux autres, il obtiendra la faculté d'enchaîner leurs bras et de les empêcher de produire ce qui est entré dans leurs esprits.

Et qu'on ne croie pas, ajoute-t-il, que ceci tende à nier les droits des inventeurs, toute découverte étant, suivant l'expression de Kant, un service rendu à la société, il est juste que celui qui le rend en soit récompensé.

Avec ces idées, le droit de propriété étant désintéressé dans la question, il ne s'agit plus que d'un contrat sous la foi duquel l'inventeur livre à la société sa découverte. La loi devient logique, et ses dispositions s'accordent avec son principe. »

Quelques-uns ont prétendu que c'était là une pure question de métaphysique. C'est une erreur, et l'examen de la loi nous a démontré que plusieurs des difficultés qu'elle présente seraient insolubles, si on n'admettait que le droit de l'inventeur repose sur un droit autre que le droit de propriété.

« J'ai en moi, dit l'auteur d'une invention, un secret dont la divulgation peut être utile à tous. Assurez-moi la récompense des efforts qu'il m'a coûtés et je vous le livrerai. »

Telle est, suivant nous, la véritable origine des rapports que notre législation consacre entre l'inventeur et la société.

Etant admis que l'inventeur a droit à une rémunération, quelle en sera la nature?

Des modes qui se présentent à l'esprit les principaux sont : des récompenses publiques, ou un monopole temporaire.

De ces deux systèmes, le premier qui ferait jouir immédiatement la société des bienfaits de la découverte, est celui qui séduit tout d'abord.

Mais dans son application que de difficultés!

Comment, en effet, apprécier au moment où se produit une découverte son mérite et sa portée? Si pour faire cette appréciation on veut attendre qu'elle ait donné la mesure de son utilité, quel moment choisira-t-on? Et puis, quel champ ouvert aux sollicitations, au bon plaisir! Que devient sous un pareil régime, ce droit égal pour tous, objet de tant d'efforts?

Je passe rapidement sur de tels motifs d'exclusion; il suffit de les indiquer.

Reste le monopole temporaire qui de tous les modes est jusqu'ici celui qui paraît le mieux concilier les intérêts réciproques de l'inventeur et de la société. Sous ce régime, l'incertitude et l'arbitraire dans la fixation du prix de la découverte disparaissent. Si l'invention est futile, le monopole est sans inconvénient pour la société; si elle est vraiment utile, le monopole temporaire ne peut lui faire perdre son caractère d'utilité publique, et l'inventeur trouve dans sa jouissance exclusive une rémunération dont l'importance est en rapport avec l'utilité même de la découverte. Bref, ce système repose sur une idée juste et simple. Toutes les législations européennes l'ont adopté.

CARACTÈRES DE L'INVENTION BREVETABLE

Toute nouvelle découverte ou invention, dit l'art. 1er, dans tous les genres d'industrie, confère à son auteur sous les conditions et pour le temps ci-après déterminés, le droit exclusif d'exploiter à son profit ladite découverte ou invention.

Nouveauté et caractère industriel : telles sont, on le voit, les conditions essentielles de toute invention pour qu'elle soit brevetable.

Elle peut se manifester sous des formes diverses. Ainsi, elle peut, ou conquérir des produits nouveaux, ou combiner de nouveaux moyens, ou faire une application nouvelle de moyens connus. Exemple : un homme a fabriqué un appareil destiné à faciliter une opération chirurgicale ou à fonctionner en remplacement d'un membre amputé; il a créé un produit industriel nouveau.

Les tissus rayés et ombrés sont connus; mais on ne les obtient qu'à l'aide de trempages gradués et de bains successifs. On n'agit ainsi que d'une manière imparfaite et sur de petites coupes d'étoffe. Celui qui le premier a eu l'idée de teindre mécaniquement des étoffes de toute longueur, au moyen d'une pression partielle et continue utilisant et régularisant les effets de la capillarité, a créé de nouveaux moyens.

Les turbines étaient employées au séchage des étoffes; un homme a eu l'idée de les appliquer à la dépuration et au clairçage des sucres : il a fait une application nouvelle de moyens connus, et ce mode, comme ceux qui le précèdent, conduit à des résultats industriels importants, pouvant, aux termes de l'art. 2, être l'objet de brevets utiles.

Quant à la nouveauté, la loi la définit par exclusion. « Ne sera pas considéré comme nouveau, dit en substance l'art. 31, le procédé qui aura reçu antérieurement à la demande du brevet une publicité suffisante pour pouvoir être exécuté. »

Cette publicité résultera tantôt d'une description dans un livre, tantôt de la mise en pratique, tantôt de la fabrication d'un spécimen exposé aux regards du public. C'est là une question laissée à l'appréciation souveraine des tribunaux.

On avait proposé l'adoption de la loi anglaise qui répute nouvelle toute découverte non publiée ni appliquée dans le royaume. Mais, heureusement, on fit justice d'un pareil système, qui consistait à charger des chaînes du privilége des découvertes que nos relations si nombreuses avec les autres peuples, porteront si facilement à notre connaissance.

Les inventions sont purement théoriques ou applicables à l'industrie. Ces dernières seules, on le conçoit, peuvent être l'objet des droits consacrés par la loi de 1844. Mais la distinction est souvent difficile. C'est pour la faciliter, que, sur la proposition de M. Arago, on a rédigé le paragraphe 3 de l'art. 30 en ces termes :

« Seront nuls, les brevets, s'ils portent sur des principes, méthodes, systèmes, découvertes et conceptions théoriques, ou purement scientifiques, *dont on n'a pas indiqué les applications industrielles.* »

Restent encore, en ce qui concerne les caractères de l'invention brevetable, les dispositions qui excluent du droit au brevet les préparations pharmaceutiques et les combinaisons de finance.

De ces deux exclusions, l'une, celle qui concerne les combinaisons de finance, ne soulève aucune objection; mais l'autre, relative aux préparations pharmaceutiques, est l'objet des plus vives critiques.

Sous le régime de la loi de 1791, dit-on, les découvertes de nouveaux remèdes étaient mises au rang des inventions brevetables, et c'était justice. Les progrès de la chimie amenant tous les jours des applications médicales nouvelles, pourquoi priver leurs auteurs de la récompense que constitue le droit au brevet? Ces sortes d'inventions n'ont-elles pas, autant que d'autres, un caractère d'utilité publique, qui doit porter la société à leur offrir ses encouragements ?

Pour exclure du droit au brevet les découvertes de remèdes nouveaux, on prétend que la délivrance de ce titre serait un nouveau moyen de réclame que le charlatanisme ne manquerait pas d'exploiter, au détriment de la santé publique.

J'avoue, pour mon compte, que, si ce motif était le seul, je le trouverais bien insuffisant pour justifier la mesure dont on se plaint.

Et, en effet, dans quels cas les préparations médicales de toute nature peuvent-elles être délivrées ? — Dans trois circonstances seulement : 1° lorsqu'elles sont inscrites au Codex ; 2° lorsqu'elles ont reçu une approbation qui équivaut à cette inscription ; 3° enfin, lorsqu'elles sont l'objet d'ordonnances signées par les médecins.

Hors ces trois cas, toute distribution de remèdes est interdite par la loi pénale.

Sous un tel régime, comment croire que la délivrance de brevets pour des préparations médicales serait de nature à tromper la bonne foi publique?

Ou l'Académie de médecine accordera sa haute approbation à la découverte, et alors l'obtention d'un brevet ne sera qu'un mode bien secondaire d'influence sur l'opinion publique ; si d'ailleurs le brevet devait propager la découverte, il faudrait s'en féliciter ;

Ou l'Académie refusera son approbation, et alors la

délivrance du brevet ne peut avoir aucun inconvénient, la distribution du remède étant interdite.

Qu'on cesse donc de dire que les délivrances de brevets pour des préparations pharmaceutiques présenteraient un danger pour la santé publique. Suivant nous, les raisons de les exclure du droit au brevet existent, mais elles sont ailleurs.

Que l'inventeur d'un remède véritablement utile à la société soit digne d'intérêt, cela n'est pas contestable, et nul, assurément, ne peut songer à nier qu'il ait droit à des encouragements et à des récompenses; mais aussi, en regard des droits de l'inventeur, il y a ceux de la société : lorsqu'elle crée un privilége, il faut qu'elle ait un intérêt à le faire, qu'elle trouve une compensation au sacrifice qu'elle s'impose.

A-t-elle intérêt à récompenser les préparations pharmaceutiques pour en multiplier le nombre? l'elle est, il me semble, le point de départ de la question.

Depuis dix-huit années, les brevets d'invention sont refusés aux remèdes de toute nature. A-t-on remarqué que, durant cette période, le nombre en ait été tellement restreint qu'il y ait lieu de prendre de nouvelles mesures à l'effet de l'augmenter?

Je crois incontestable, au contraire, que ce nombre est devenu tel qu'en toute espèce de maladie c'est une grande perplexité pour le malade de savoir quel est, de tous les remèdes offerts pour le guérir, celui qu'il choisira.

Soit amour de la science et de l'humanité, soit tout autre mobile, les moyens curatifs, suivant, il est vrai, la progession ascendante des qualifications données aux maladies, ont pris, de nos jours, une telle extension, qu'en stimuler encore l'accroissement me paraîtrait non-seulement inutile, mais dangereux.

Je crois donc qu'en cette matière la société n'a pas intérêt à la création du privilége. Supposons maintenant qu'elle l'ait accordé :

Un remède existe, mais il est frappé de monopole ; un médecin qui le croit bon le prescrit ; sur la formule qu'il délivre, un pharmacien le fournit, et le malade en fait usage.

N'y aurait-il pas inconvénient sérieux à ce qu'en agissant ainsi le médecin, le pharmacien, voire même le malade, s'il n'est pas de bonne foi (1), fussent exposés à des poursuites en contrefaçon ?

Reste enfin un argument décisif pour justifier la différence existant entre les droits accordés aux inventions industrielles proprement dites, et ceux qui peuvent appartenir aux découvertes de moyens curatifs. C'est qu'en matière d'inventions industrielles, le résultat ou le produit est toujours tangible, certain ; tandis qu'en matière de remèdes, si grandes que soient les probabilités, le doute reste toujours permis sur le résultat.

Chaque année, des récompenses pécuniaires et honorifiques sont proposées aux hommes qui découvriront de

---

(1) Celui qui, sciemment, reçoit ou achète le produit d'une contrefaçon, se fait le complice et le fauteur du contrefacteur, et l'art. 41, qui punit ceux qui auront sciemment recelé les objets contrefaits, paraît lui être applicable. Cette solution est la seule rigoureusement juridique. Cependant, un arrêt de la Cour de cassation, du 3 décembre 1841, exclut du cas où le recel est punissable celui où le receleur ne détient l'objet contrefait que pour son usage personnel.

nouveaux modes de traitement applicables aux principales maladies dont souffre l'humanité.

Pour ceux qui se livrent à ces recherches, c'est là que sont et doivent être les véritables sources d'émulation; y adjoindre les brevets d'invention ne me paraît ni désirable, ni même désiré par ceux qui auraient le bénéfice de cette disposition.

En terminant cet examen des caractères que doit offrir l'invention pour qu'elle soit brevetable, mentionnons cette règle, qui n'avait pas besoin d'être écrite dans la loi de 1844 pour être appliquée : « Sont nuls les brevets obtenus pour des inventions contraires à l'ordre et à la sûreté publics. »

TAXE ET DURÉE DES BREVETS.

La durée des brevets étant fixée par la loi à un maximum de quinze années, on s'est demandé pourquoi cette limitation si courte, tandis que le droit de l'écrivain ou du peintre dure, non-seulement pendant la vie de l'auteur et celle de sa veuve, mais encore au delà de ce terme, pendant trente années au profit de ses enfants.

Et cependant, les créations littéraires, artistiques ou industrielles ont une source commune. Elles sont toutes le produit de l'intelligence.

Raisonnant sur cette communauté d'origine, de bons esprits ont cru devoir y attacher une égalité de droits. C'est là, croyons-nous, une appréciation fausse qu'il importe de rectifier.

Le génie des découvertes, on l'a dit avec raison, suit

une progression dont presque toutes les étapes sont marquées. Pour chaque invention, on peut dire que tous les éléments qui la composent étaient dans le fonds commun de la richesse scientifique. Les découvertes amènent les découvertes; elles se fécondent et s'engendrent mutuellement.

Ainsi une machine existe, merveilleuse déjà si on la compare à ce qu'elle était il y a vingt ans; et cependant, telle est la loi du progrès, qu'elle appelle encore de nombreux perfectionnements. Il en est un surtout plus désiré que les autres. C'est celui dont le fonctionnement de la machine démontre le mieux l'opportunité. On le cherche, on est près de l'atteindre, il est trouvé; si tel ne l'eût pas découvert aujourd'hui, un autre l'eût imaginé demain.

Il y a mille exemples de procédés industriels découverts par plusieurs, en même temps, sous l'influence d'une observation attentive et de besoins indiqués.

Dans les lettres, au contraire, où trouver cet enchaînement de progrès, où cette possibilité pour deux hommes de produire la même chose, soit en même temps, soit même à des époques différentes? Corneille a créé *le Cid;* Molière, *Tartuffe;* Massillon, *le Petit Carême*. Aurions-nous *le Cid*, *Tartuffe* et *le Petit Carême* si chacun de ces génies n'eût existé? Le style, a dit Buffon, c'est l'homme. Que cent auteurs entreprennent d'écrire en même temps la vie de César, et ils feront cent œuvres différentes. A la même époque, il y eut deux *Phèdres :* celle de Racine et celle de Pradon. Que cent artistes entreprennent en même temps de représenter le même sujet, et nous aurons cent créations distinctes. Si l'un d'eux s'abstient, nul autre ne produira son œuvre.

Si Niepce, au contraire, n'eut pas découvert la photographie, nous l'aurions, Daguerre ayant eu depuis la même idée.

Qu'on cesse donc d'assimiler deux créations de natures si diverses. Devant un examen sérieux, cette prétendue égalité de droits ne se soutient pas. Sur les inventions, la société a des titres qu'elle n'a pas sur les œuvres littéraires.

La différence dans le droit étant établie, voyons, de plus, si la différence dans la durée de protection ne se justifie pas encore à un autre point de vue.

En industrie, lorsqu'un privilége existe, il marque un temps d'arrêt, nul ne pouvant, pendant que l'inventeur est en possession de son monopole, faire ce qu'il fait ni enter un perfectionnement sur celui qu'il a réalisé.

Dans les lettres, au contraire, le sujet traité n'en reste pas moins dans le domaine de la pensée. Libre à tous de le choisir à leur tour, et même de puiser des inspirations dans les œuvres auxquelles il a donné naissance.

C'est, je crois, un point incontestable, que le monopole de l'inventeur cause à la société un préjudice que le droit de l'auteur est loin de lui faire éprouver au même degré.

Qu'en faut-il conclure, sinon que dans la fixation de la durée, pendant laquelle s'exercerait le privilége de l'inventeur, la société a eu, non-seulement le droit, mais le devoir de poser des limites plus restreintes que celles qu'elle a données aux droits de l'écrivain et de l'artiste.

L'obtention d'un brevet étant à la disposition de tous,

sans examen préalable, on pouvait craindre qu'une foule de rêveries et de puérilités ne se décernassent les honneurs de ce titre.

L'établissement d'une taxe sur chaque brevet a écarté cet inconvénient. Cette mesure se justifie, d'ailleurs, par la nécessité de couvrir les frais qu'entraîne la délivrance des titres et leur publication. La loi de 1844 ayant fixé la taxe à cent francs par année, les résultats que nous venons de signaler sont obtenus sans que la charge soit trop lourde pour l'inventeur.

L'art. 32 porte que le breveté qui n'aura pas acquitté son annuité sera déchu.

Faut-il dire que si, par une cause quelconque, même de force majeure, le payement est retardé d'un jour, d'une heure, il y a déchéance irrémédiable? Cela est rigoureux, sans doute, mais vrai suivant nous.

Le droit de tous, c'est de mettre en œuvre tout ce qui est du domaine de l'industrie, à moins qu'un mode d'exploitation spéciale ne soit reservé au profit d'un seul. Cette atteinte portée au droit commun n'existe qu'à des conditions déterminées. Si elles ne sont pas remplies, le privilége tombe, la raison le veut ainsi. N'oublions pas non plus que nous sommes en matière pénale, et que la déchéance est un mode de défense que la loi met au service de l'inculpé. Le texte qui prononce la déchéance est précis; fût-il obscur, il faudrait l'interpréter dans le sens le plus favorable à celui qui l'invoque.

Dans quel arbitraire ne tomberait-on pas, d'ailleurs, si on laissait, soit à l'administration, soit aux tribunaux, le soin de décider dans quels cas la déchéance serait ou ne serait pas prononcée ?

DEMANDE ET DÉLIVRANCE DE BREVETS. — CERTIFICATS D'ADDITION.

La demande doit être limitée à un seul objet, y compris les objets de détail qui le constituent et les applications qui auront été indiquées.

La seule lecture de cette disposition indique les difficultés que son interprétation peut soulever dans la pratique. Son but, on le comprend, a été d'empêcher qu'on éludât le payement des taxes en réunissant dans une même demande plusieurs objets de nature brevetable.

En ce qui concerne la délivrance du titre, la loi sépare avec soin la forme de la demande de ce qui en est le fond.

L'administration est juge de la forme, et elle peut repousser toute requête qui n'est pas régulièrement formée. Mais elle n'a pas à s'enquérir du fond : on prend soin de dire que la demande étant régulière, les brevets *seront* délivrés sans examen préalable, aux risques et périls des demandeurs.

Rappelons, cependant, que lorsqu'il s'agit de préparations pharmaceutiques ou de combinaisons de finance, la loi donne à l'administration le pouvoir de refuser le brevet.

De bons esprits pensent que lorsqu'une demande est rejetée, son auteur peut se pourvoir devant le Conseil d'État pour demander la réformation de l'arrêté et la délivrance du brevet.

Pendant la durée du brevet, l'inventeur ou les tiers

peuvent apporter des perfectionnements à l'invention principale.

A cet égard, l'inventeur a paru digne d'une double faveur, et la loi dispose :

1° Que, pendant toute la durée de son brevet, il peut apporter à son procédé tous changements, additions ou perfectionnements, moyennant une taxe unique fixée à vingt francs pour chaque demande;

2° Que, pendant la première année de son monopole, il a un droit de préférence sur les améliorations qu'il peut apporter à son invention.

Quant aux tiers, ils ont la faculté de prendre des brevets de perfectionnement dans la forme et en acquittant la taxe ordinaire. A ce droit, cependant, la loi met une réserve que déjà nous avons indiquée.

Lorsque leurs demandes se produisent pendant la première année d'existence du brevet principal, elles restent cachetées jusqu'à l'expiration de ce terme, et elles ne prennent rang à partir du dépôt que si, dans le cours de cette même année, l'auteur de l'invention principale n'a produit aucune demande pour le même perfectionnement.

Est-il besoin d'ajouter que le tiers breveté pour une invention se rattachant à l'objet d'un autre brevet n'a pas le droit d'exploiter l'invention principale, et que, réciproquement, le titulaire du brevet primitif n'a aucun droit sur l'invention qui fait l'objet du second brevet ?

Notre législation moderne tend de plus en plus à se montrer libérale envers les étrangers, et la loi de 1844 leur accorde les mêmes droits qu'aux nationaux.

En matière de découvertes, cette libéralité n'est pas

seulement un acte de généreuse justice, c'est encore le fruit d'un sage calcul. Elle ne peut, en effet, que favoriser les découvertes, et accroître ainsi les causes d'aisance générale.

TRANSMISSION ET CESSION DE BREVETS.

Un brevet, propriété mobilière, est transmissible conformément au droit commun, en totalité ou en partie, soit à titre gratuit, soit à titre onéreux.

C'est un mode fort usité que de céder le droit d'exploiter une invention pour telle commune ou tel département, ou encore, de ne consentir le droit de fabriquer suivant le procédé breveté que dans une certaine mesure.

La loi exige que la cession soit faite par acte notarié, et qu'elle soit enregistrée au secrétariat de la préfecture du département dans lequel l'acte aura été passé. Ces dispositions n'ayant été prises que dans l'intérêt des tiers, la pluralité des auteurs et la jurisprudence sont d'accord en ce point que l'inaccomplissement de ces formalités ne peut être opposé que par ceux qui n'ont pas été parties dans l'acte. Entre les contractants toute convention régulièrement consentie reste valable, conformément au droit commun.

C'est également en vue de prévenir les fraudes qu'a été conçu l'art. 22 décidant que le cessionnaire, comme l'inventeur, jouira de plein droit des brevets d'addition délivrés ultérieurement à la cession.

La fraude que l'on a voulu prévenir est celle-ci : une invention est brevetée et son auteur a conçu une amélioration notable. Il traite de la jouissance partielle de son monopole, et ensuite il prend un certificat d'addition.

Si le droit d'appliquer le perfectionnement lui appartenait exclusivement, l'acheteur se trouverait n'avoir en sa possession qu'un procédé inférieur dépassé et surtout primé par le nouveau procédé. Cependant, la disposition qui tend à porter remède à cet état de choses a été vivement critiquée.

C'est, a-t-on dit, une atteinte à la liberté des transactions.

De ce qu'une loi règle ce qui sera, pour ainsi dire, sous-entendu dans une convention, je ne vois pas, je l'avoue, en quoi la liberté des transactions est violée. Si cette disposition était impérative, obligatoire, telle, enfin, que les parties n'y pussent déroger, je comprendrais la critique, mais elle n'a nullement ce caractère, que je sache; elle n'est pas d'ordre public, et rien ne s'oppose à ce que les parties conviennent que les certificats d'addition n'entreront pas dans la jouissance commune.

Aux termes de l'art. 16, le certificat d'addition n'est qu'une sorte d'annexe du brevet principal, il suit sa fortune vit et meurt avec lui. Décider que le cessionnaire du brevet jouira du certificat d'addition, ce n'est, en définitive, que faire l'application de la maxime : « L'accessoire suit le principal. »

Dans ce même art. 16, et en application du même principe, il est dit :

« Que les certificats d'addition pris par un des ayants droit au brevet profiteront à tous les autres. »

Pourquoi n'y pas voir aussi une atteinte portée à la liberté des transactions ?

On dit encore : pour couper court à cette manœuvre, ce n'est pas seulement le certificat d'addition qu'il eût fallu rendre commun entre les parties, mais aussi tout brevet de perfectionnement. Sinon, le cédant ne sera jamais assez insensé pour prendre un certificat dont il sera tenu de partager la jouissance, lorsqu'il peut pour le même objet prendre un brevet qui ne profitera qu'à lui seul, et dont il pourra disposer à son gré.

Cette objection repose, il me semble, sur une erreur; et, en effet, aux termes de l'art. 1134 du Code Napoléon, les conventions doivent être exécutées de bonne foi. S'il est démontré que, dolosivement et en vue d'éluder les dispositions de la loi spéciale, un breveté a pris un deuxième brevet, au lieu de prendre un certificat d'addition, je n'hésite pas à penser que les tribunaux le condamneront à des dommages-intérêts envers son cessionnaire, ou prononceront la résiliation du contrat.

Je crois donc que la disposition dont il s'agit n'est ni sans portée, comme on l'a prétendu, ni contraire à la liberté des transactions, et que, dans la rédaction d'une nouvelle loi, il serait sage de la maintenir.

ACTIONS EN NULLITÉ ET EN DÉCHÉANCE.

La servitude temporaire que l'existence d'un brevet fait peser sur l'industrie publique et sur la consommation générale n'est juste, que si le brevet est légitime.

La faculté de vérifier les droits du breveté et d'apprécier la valeur de son titre est la conséquence du non examen préalable.

Le brevet peut être entaché de nullité ou de déchéance. Entre ces deux cas, il y a des différences radicales.

Si le vice du brevet remonte jusqu'à la formation même du contrat passé entre la société et l'inventeur, le brevet est nul et la contrefaçon n'a jamais été possible. Si le vice ne survient qu'après la délivrance d'un juste brevet, le contrat est résolu; mais le titre a été valable jusqu'au moment de la déchéance, et toutes les atteintes qui ont pu être portées au droit qu'il consacrait, sont passibles des peines de la contrefaçon.

La principale cause de nullité est le défaut de nouveauté. Déjà nous avons examiné le sens de cette disposition.

Dans l'intérêt public, la loi s'est montrée sévère pour l'insuffisance de la description. Les tribunaux appliquent avec prudence la disposition relative à cette cause de nullité, en ne frappant que la faute véritablement lourde, qui a dû induire les tiers en erreur.

Une disposition non moins rigoureuse est celle qui prononce la nullité du brevet dont le titre indique un objet autre que celui de l'invention. Aussi, sur l'observation d'un éminent orateur, la loi a-t-elle pris soin de dire que la question d'intention serait examinée à l'effet de savoir si l'indication fausse est en même temps frauduleuse.

La dernière cause de nullité, enfin, a eu pour but d'empêcher qu'on ne pût impunément frauder le fisc. Elle concerne les certificats d'addition pris pour des objets qui ne se rattachent pas au brevet principal.

Le breveté, qui n'aura pas acquitté son annuité avant

le commencement de chacune des années de la durée de son monopole, est déchu de ses droits.

Nous avons vu dans quel sens rigoureux doit être entendue cette disposition.

Sur la deuxième cause de déchéance résultant du défaut d'exploitation, la loi prend soin de dire : « à moins que le breveté ne justifie des causes de son inaction. »

Le breveté qui introduit en France des objets fabriqués en pays étranger et semblables à ceux qui sont garantis par son brevet, est également déchu de ses droits. Cette partie de la loi est d'une application difficile. On a voulu, par cette disposition, empêcher de prendre un brevet en France, pour s'assurer une sorte de monopole sur la vente de produits fabriqués à l'étranger.

L'action en nullité ou en déchéance peut être exercée par toute personne y ayant intérêt. On avait demandé la suppression de ces derniers mots : *y ayant intérêt.* Sur l'observation de M. Dupin, que ce serait introduire dans nos lois un principe exorbitant, que d'accorder l'action publique à un simple citoyen, et que, d'ailleurs, cette disposition pourrait donner lieu à une sorte de spéculation qui consisterait à faire métier de plaider contre les brevetés; cette restriction a été maintenue. Cependant, des explications échangées, il résulte qu'en cette matière ces expressions : *ayant intérêt*, doivent être entendues dans un sens plus large qu'en matière ordinaire.

Le ministère public étant le représentant des intérêts généraux, la conséquence serait que toute action en nullité ou en déchéance, devrait pouvoir être exercée par lui. La loi de 1844 en a décidé autrement. En matière de déchéance, elle lui a refusé l'action *principale*, et il ne peut provoquer d'office la nullité que dans trois circonstances : 1° lorsque l'invention n'est pas susceptible d'être brevetée aux termes de l'article 3; 2° lorsqu'elle est contraire à l'ordre public; 3° enfin, lorsque le titre indique frauduleusement un objet autre que le véritable objet de l'invention.

En dehors de ces trois cas, il reste désarmé et doit nécessairement attendre pour agir qu'une instance soit engagée entre les intéressés. A cet égard, cependant, une distinction est encore nécessaire. Si c'est devant le tribunal civil que l'action privée est portée, le ministère public peut se déclarer partie intervenante pour faire prononcer la nullité ou la déchéance absolue du brevet.

Devant le tribunal correctionnel, cette faculté n'existe pas, cette dernière juridiction n'étant pas admise à prononcer les nullités ou déchéances absolues.

C'est ce que décident la Cour de cassation et les auteurs, en interprétant les termes de la loi de 1844, qui, à cet égard, il faut le dire, n'étaient pas suffisamment explicites.

Quels sont les motifs de ces restrictions apportées à l'action du ministère public? Il ne nous a pas été donné de les trouver. Nous les croyons sans fondement et n'hésitons pas à penser que, dans une révision de la loi, elles ne seraient pas maintenues.

CONTREFAÇON, POURSUITES ET PEINES.

Toute atteinte portée aux droits du breveté, soit par

la fabrication des produits, soit par l'emploi de moyens faisant l'objet du brevet, constitue le délit de contrefaçon.

Des termes mêmes de la loi, comme de la discussion, il résulte que le fait seul d'avoir mis en usage le procédé breveté suffit pour constituer le délit de contrefaçon, indépendamment de toute intention.

En voulant rendre la répression plus sûre et plus facile, cette disposition a, je crois, dépassé son but.

A raison de faits de contrefaçon, un homme est traduit devant le tribunal de police correctionnelle. Sa probité est notoire et les débats établissent qu'en faisant usage du procédé breveté il n'a eu que les intentions les plus loyales. La loi cependant donne au breveté la faculté de faire prononcer contre lui une condamnation pénale.

Peut-être celui-ci usera-t-il de cette faculté pour exiger une indemnité hors de toute proportion avec le préjudice qu'il a éprouvé. Les juges alors pourront avoir la conviction que l'inculpé est exempt de toute fraude, que la poursuite est déloyale, et cependant ils devront prononcer une condamnation flétrissante contre l'homme dont la bonne foi leur sera démontrée.

Que faut-il penser d'une loi qui favorise de tels calculs et peut conduire à de tels résultats? Et qu'on ne dise pas que cette hypothèse est du pur domaine de l'imagination, l'expérience n'a que trop démontré qu'elle est du domaine des faits.

Dira-t-on que les brevets étant publics, le contrefacteur aura au moins commis une imprudence? Mais qui ne sait que le nombre des brevets est tel aujourd'hui que nul homme, quels que soient son aptitude et ses loisirs, ne pourrait se rendre compte de ce qui fait l'objet des inventions brevetées?

Nous croyons donc essentiellement désirable que, d'après la loi nouvelle, il soit décidé que la contrefaçon ne sera un délit qu'autant que les faits qui la constituent auront été commis sciemment.

La contrefaçon étant un délit, il en résulterait, en faisant application du droit commun, que la poursuite peut avoir lieu, soit à la requête de ministère public, soit à la requête de la partie lésée.

Mais en cette matière, comme à l'égard des délits d'adultère et de diffamation, il y a dérogation au principe que l'action publique est indépendante de l'action privée, et l'art. 45 est ainsi conçu : « L'action correctionnelle pour l'application des peines de la contrefaçon ne pourra être exercée par le ministère public, *que sur la plainte de la partie lésée.* »

En ce qui concerne les délits d'adultère et de diffamation, les motifs de la restriction apportée à l'action publique sont saisissants; la loi n'a pas voulu que la partie offensée pût être entraînée malgré elle dans les douleurs et les scandales d'un débat public. Ici le motif est tout différent. L'infraction a de l'analogie avec celle qui résulte, par exemple, du fait de chasse sur le terrain d'autrui. Le breveté, comme le propriétaire du terrain, peut avoir consenti aux actes qui paraissent constituer une atteinte à ses droits exclusifs, et on a pensé qu'il convenait de n'admettre la poursuite du ministère public que sur une plainte de la partie lésée.

Lorsque cette plainte a été formée, cette présomption que le contrevenant agissait en vertu d'un consentement tacite ou formel n'existe plus. Le ministère public est rentré dans la plénitude de son droit de poursuites, et il ne saurait appartenir à la partie plaignante de le désarmer en se désistant. Il est de principe, en effet, que l'action publique une fois mise en mouvement, il ne saurait appartenir aux parties privées de lui laisser son cours ou de l'arrêter à leur gré. Lorsque la loi a voulu déroger à cette règle, elle l'a formellement énoncé. Le délit de contrefaçon se révélant dans une instance purement civile, le ministère public serait-il admis à poursuivre son auteur devant le tribunal correctionnel? C'est là une question délicate.

Si nous n'étions pas en matière pénale, on pourrait dire : ce que la loi a voulu pour autoriser l'action publique, c'est qu'il n'existât aucune incertitude sur le point de savoir si le procédé breveté a été mis en usage avec ou sans le consentement de l'ayant droit.

Dès que par l'effet d'une instance civile cette incertitude a cessé, l'exception apportée au principe n'a plus sa raison d'être, et la règle reprend son empire.

Mais, en matière pénale, tout est de droit étroit au profit de l'inculpé. Ce que la loi exige ici, pour qu'une poursuite criminelle puisse s'engager, c'est une plainte, c'est-à-dire une dénonciation adressée, soit au procureur impérial, soit au juge d'instruction, avec demande de poursuites. Qu'une action au civil soit l'équivalent de cette plainte, cela est déjà contestable; mais l'équivalent d'une chose n'est pas la chose elle-même, et en matière pénale rien ne se supplée, rien ne peut s'ajouter au sens technique et rigoureux des mots.

Nous croyons donc qu'en l'absence d'une plainte, le

délit de contrefaçon ne peut être l'objet des poursuites du ministère public.

Avant la loi de 1844, on se demandait si les tribunaux correctionnels saisis d'une action en contrefaçon pouvaient connaître des questions de validité ou de propriété du brevet. La jurisprudence se prononçait en ce sens que l'exception tirée de la nullité du brevet n'étant qu'un moyen de défense, elle n'excédait pas les limites de la compétence correctionnelle.

Ne voulant laisser aucun doute à cet égard, la loi de 1844 s'exprime ainsi, art. 46 :

« Le tribunal correctionnel saisi d'une action en contrefaçon statuera sur les exceptions qui seraient tirées par le prévenu, soit de la nullité ou de la déchéance du brevet, soit des questions relatives à la propriété dudit brevet. »

Quel est le sens de cette disposition ? a-t-elle voulu consacrer seulement le devoir pour le juge correctionnel d'entendre le prévenu dans tous ses moyens de défense ? ou bien a-t-elle voulu transporter au tribunal correctionnel la plénitude de la juridiction civile, en lui donnant le pouvoir de statuer définitivement sur les questions de validité ou de propriété des brevets ?

Le breveté, nous l'avons vu, a la faculté de porter son action, soit devant le tribunal civil, soit devant le tribunal correctionnel.

C'est un point sur lequel tout le monde est d'accord, que si, dans un débat civil, la nullité ou la déchéance du brevet est prononcée sur les réquisitions du ministère public, la décision a l'autorité de la chose jugée d'une manière absolue, et à l'égard de toutes personnes même non parties au procès.

C'est encore un point incontesté que dans une action au civil, sans intervention du ministère public, l'autorité de la chose jugée est absolue, mais entre les parties seulement.

Si, dans un débat correctionnel, le tribunal, avant de prononcer l'acquittement ou la condamnation, a statué sur l'exception tirée de la nullité du brevet, y a-t-il chose définitivement jugée entre les parties sur la nullité ou la validité dudit brevet ?

Tel est le seul point en contestation. Un examen sommaire des principes suffit, je crois, pour résoudre cette difficulté.

En thèse générale, un tribunal de répression est radicalement incompétent pour statuer sur une question de droit civil, telle qu'une question de propriété.

Cependant, il arrive souvent que devant la juridiction répressive, le prévenu excipe d'un droit de cette nature. Que devrait faire alors le tribunal correctionnel ? Surseoir jusqu'à ce que la question préjudicielle ait été jugée par les tribunaux civils ? Mais l'expérience a démontré que cette manière d'agir entraverait la vindicte publique, et une distinction s'est faite entre les questions de propriété qui peuvent s'élever en matière mobilière ou en matière immobilière.

Les vols, les détournements, les escroqueries, ont tous pour objet des effets mobiliers. C'est en matière mobilière que se commettent la plupart des atteintes portées au droit de propriété, constituant des crimes ou des délits. Les exceptions tirées d'un droit de propriété ou de jouissance, qui peuvent s'élever dans les poursuites déterminées par ces délits sont d'une solution facile.

C'est par ces motifs, sans doute, que la doctrine et la jurisprudence sont tombées d'accord en ce point que, si l'exception de propriété porte sur des effets mobiliers, le tribunal de répression en connaîtra.

Si, au contraire, la question de propriété a trait à des immeubles, la juridiction criminelle est tenue de surseoir jusqu'à ce que les tribunaux civils aient statué.

Maintenant, quel est l'effet d'un jugement rendu en matière pénale ? Lorsque pour arriver à la condamnation ou à l'acquittement d'un prévenu, un tribunal correctionnel aura statué sur une question de propriété, y aura-t-il chose jugée sur cette question ?

La culpabilité ou l'innocence du prévenu sont les seuls effets que l'on puisse attendre des décisions rendues par la juridiction criminelle. C'est là un principe élémentaire. En donnant aux tribunaux de répression la faculté de connaître de tous les moyens de défense qui peuvent se produire devant eux, on a voulu rendre leurs décisions plus rapides, et non étendre leur juridiction.

C'est ce même motif qui a fait édicter l'art. 46 de la loi de 1844, ainsi que l'atteste la discussion de cette loi.

« Le tribunal correctionnel, dit cet article, statuera sur les exceptions (c'est-à-dire sur les moyens de défense, les justifications) que le prévenu pourrait tirer de la nullité ou de la déchéance du brevet; mais, en dehors de la condamnation ou de l'acquittement, il n'y aura rien de jugé, même entre les parties, ce tribunal étant incompétent pour statuer sur l'existence ou la non existence absolue et définitive d'un droit civil. Pour qu'il en fût autrement, il faudrait une disposition expresse, formelle, et elle n'existe pas.

Sans doute, la décision qui aura renvoyé le prévenu de la poursuite aura créé en sa faveur un préjugé très-favorable; mais préjugé n'est pas chose jugée. Le breveté pourra, nonobstant le triomphe de l'exception, intenter une nouvelle action contre le même prévenu, à l'occasion de nouveaux faits, sans que ce dernier puisse lui opposer la chose jugée.

Et réciproquement, lorsqu'une exception aura été repoussée, rien ne s'opposera à ce qu'à l'occasion de nouvelles poursuites, le prévenu oppose le même moyen de défense.

Reste un dernier point à examiner. Il est relatif aux peines encourues par le contrefacteur.

La loi de janvier 1791 fixait cette peine à une amende égale au quart des dommages-intérêts alloués à l'inventeur ou à ses ayants droit.

La loi actuelle, voulant rendre la répression égale à celle qui s'applique en matière de contrefaçon littéraire, fixe une amende de 100 à 2,000 fr.

En cas de récidive, résultant d'une première condamnation intervenue dans les cinq années antérieures pour un des délits prévus par la loi de 1844, les tribunaux peuvent prononcer, outre l'amende, un emprisonnement d'un mois à six mois.

Faut-il, pour l'application de cette peine si grave, qu'il y ait contrefaçon successive du même procédé breveté, ou violation de deux brevets différents?

Sans qu'on puisse en trouver de raison bien sérieuse,

il a été décidé que la récidive s'appliquerait à la violation de deux brevets différents.

La peine de l'emprisonnement est encore prononcée dans le cas où le contrefacteur a été l'ouvrier ou l'employé du breveté. Ce que la loi a voulu réprimer, c'est l'abus que l'ouvrier ou l'employé peut faire de la confiance nécessaire dont il a été investi.

Avant la loi de 1844, les questions sur le cumul des peines donnaient lieu aux difficultés les plus graves. Sur la proposition de M. Isambert, le doute a été tranché.

Les peines établies par la présente loi, dit l'art. 42, ne pourront être cumulées. La peine la plus forte sera seule prononcée pour tous les faits antérieurs au premier acte de poursuite.

L'art. 463 du Code pénal est applicable à tous les délits prévus par la loi du 5 juillet 1844, même en cas de récidive.

PROJET DE LOI.

De même qu'avant l'adoption de la loi existante sur les découvertes industrielles, les études préparatoires avaient été longues et approfondies; de même, en ce qui concerne la loi projetée, les modes d'instruction mis en œuvre et les ajournements successifs, témoignent de la maturité avec laquelle on veut traiter cette difficile et importante matière.

Dès 1850, des réclamations s'étant élevées contre la loi de 1844, une grande enquête fut ouverte, à la suite de laquelle un avant-projet fut dressé. Cet avant-projet lui-même fut soumis aux observations des chambres de commerce et des chambres consultatives.

Tous ces documents, enfin, ont été transmis au Conseil d'État, qui a rédigé le projet de loi soumis en ce moment aux délibérations du Corps législatif.

Les modifications apportées au régime actuel sont de deux sortes :

Les unes sont de forme, pour ainsi dire. Adoptant les dispositions principales de la loi existante, le projet les reproduit dans un ordre meilleur, en des termes plus clairs et plus concis. On ne peut qu'y applaudir.

Les autres ont trait au fond même du sujet. Nous avons dit notre pensée en commentant la loi sur l'utilité que peut offrir le maintien ou la réformation des règles qui la composent.

Viennent enfin des dispositions entièrement nouvelles.

C'est sur ce dernier élément du projet que, pour compléter notre travail, nous croyons devoir porter nos observations.

La première des innovations est ainsi conçue :

« Pendant les six mois qui suivent le dépôt, la description de l'inventeur est tenue secrète par le Gouvernement. »

L'expérience a démontré que certains hommes sont à l'affût des découvertes. Dès qu'elles sont rendues publiques, ils s'emparent des procédés qui les constituent, et s'assurent, par des brevets pris à l'étranger, le moyen de les exploiter.

Le délai de six mois pendant lequel la description restera secrète paraît suffisant pour que l'inventeur, protégé contre cette spoliation, puisse prendre lui-même des brevets à l'étranger, s'il le juge convenable.

La deuxième des innovations est la plus importante du projet. Elle s'intitule : *Confirmation des brevets*, et se résume ainsi :

Deux années après la mise en exploitation de son brevet, tout inventeur peut en demander la confirmation.

A cet effet, il adresse au ministre une demande, et dépose pour les frais de l'instruction une somme dont la quotité est déterminée par règlement d'administration publique.

Le ministre, après avoir pris l'avis d'un comité spécial, décide s'il y a lieu de donner suite à la requête.

Dans le cas de l'affirmative, il transmet copie des pièces aux secrétariats des préfectures, aux chambres de commerce, aux chambres consultatives des arts et manufactures, etc., etc.

Un extrait de la demande est publié trois fois de mois en mois dans le *Moniteur* et tels autres journaux que le ministre désigne.

Jusqu'à l'expiration des trois mois qui suivent la troisième publication, toute personne peut adresser une opposition au ministre.

S'il n'y a pas d'opposition, le ministre peut six mois au plus tôt, après la dernière publication, prononcer la confirmation du brevet.

S'il y a opposition, elle doit être suivie dans les trois mois de sa date d'une instance judiciaire, sinon, elle est considérée comme non avenue.

Si elle donne lieu à un procès, la confirmation ne peut être prononcée que lorsque la décision judiciaire qui aura repoussé l'opposition ne sera plus susceptible d'aucun recours.

Le brevet confirmé ne peut plus être attaqué pour cause de nullité.

« Quelle est la conséquence de cette confirmation? dit l'exposé de motifs : elle ne juge et ne préjuge aucunement le mérite de la découverte en elle-même; elle constitue seulement une fin de non-recevoir contre toute réclamation qui tendrait à remettre en question le fait de nouveauté et de validité du procédé. »

Les chambres de commerce appelées à donner leur avis sur cette innovation se sont partagées en deux camps, les unes la déclarent excellente, les autres affirment qu'elle sera funeste à l'industrie.

Où est la vérité? Un retour rapide sur l'histoire du droit des inventeurs nous paraît utile, pour résoudre cette question..

Avant 1789, nous l'avons vu, le gouvernement pouvant à son gré accorder ou refuser des priviléges, l'inventeur n'avait, à raison de sa découverte, aucun droit proprement dit.

Depuis 1791, le droit à la délivrance du brevet, sans examen préalable, ayant été proclamé, le rôle du gouvernement se trouve réduit à un simple enregistrement, et il ne peut dépendre de lui qu'un inventeur soit, à tort ou à raison, privé du bénéfice que le monopole peut procurer. C'est aux tribunaux seuls qu'il appartient de juger les contestations relatives à la propriété des brevets.

En l'an VI, le principe du non-examen préalable fut remis en question par Eude, au Conseil des Cinq-Cents.

Six mois à peine s'étaient écoulés, qu'il venait réfuter lui-même les objections qu'il avait soulevées.

« Les arts, dit-il alors, ne prospèrent pas dans les entraves. Gardons-nous de soumettre leurs productions à des vérifications qui souvent pourraient devenir fallacieuses. »

« Les arts et le commerce, s'écrie M. Dupin, dans la discussion de la loi de 1844, vivent de liberté. L'examen préalable serait l'établissement d'une censure en matière d'industrie. »

Le projet de loi lui-même que nous examinons en ce moment s'exprime en ces termes :

Art. 3. « Les brevets *seront* délivrés *sans examen préalable, aux risques et périls des demandeurs et sans garantie, soit de la réalité, de la nouveauté ou du mérite de l'invention, soit de la fidélité ou de l'exactitude de la description.* »

Que devient ce principe, en présence de cette partie du projet qui s'appelle confirmation des brevets ?

C'est au ministre que s'adresse la demande, et il peut, à son gré, décider qu'il y sera ou n'y sera pas donné suite.

Si la première décision est favorable, l'enquête a lieu, et le ministre, quel qu'en soit le résultat, peut prononcer souverainement la confirmation du brevet, ou la refuser.

La responsabilité qu'un pareil système met à la charge de l'autorité supérieure nous paraît bien lourde, et nous croyons que, promptement, elle demanderait elle-même à en être déchargée.

Sous l'empire de la loi actuelle, tout brevet régulièrement délivré est valide, jusqu'à preuve contraire. Si la confirmation des brevets était autorisée, tout procédé qui ne l'aurait pas obtenue serait frappé de discrédit. La loi elle-même appellerait le doute sur les brevets, et elle mettrait l'inventeur dans la nécessité d'opter entre un titre déprécié et une demande en confirmation.

Le but que l'on se propose, c'est de rendre les attaques moins fréquentes contre les brevets délivrés.

Voyons à quel prix et dans quels délais ces avantages seraient obtenus.

L'inventeur doit couvrir les frais d'une immense enquête administrative. De calculs irréfutables, il résulte que, pour chaque demande, le ministre devrait exiger le dépôt d'une somme qui ne pourrait être inférieure à cinq mille francs.

L'enquête elle-même provoque les procès. S'ils surgissent, le breveté devra y faire face à l'aide de nouvelles avances, la confirmation ne pouvant avoir lieu que lorsque les décisions rendues en sa faveur seront passées en force de chose jugée.

Jusqu'à la confirmation, le procédé ne jouit que d'une médiocre faveur. La demande ne peut être formée que deux années après la mise en exploitation ; supposons-la commencée le jour même de la délivrance du brevet. Première période, deux années.

Fixons approximativement les autres. La demande est adressée au ministre ; il la soumet à l'examen d'un comité, et doit chercher à se renseigner lui-même avant de prendre cette mesure si grave, qui consiste à décider s'il donnera ou ne donnera pas suite à la requête. . . . . Une année.

Enquête administrative. . . . . Six mois.

Publicité. . . . . Six mois.

Contestations judiciaires. . . . . *Mémoire.*

Examen de toutes les pièces résultant, soit de l'enquête, soit de contestations judiciaires. . . Une année.

C'est au plus tôt, on le voit, cinq années après la demande d'un brevet que l'inventeur pourrait en obtenir la confirmation.

Dans l'état de la législation actuelle, l'expérience a démontré que lorsqu'un brevet doit être l'objet d'attaques, c'est durant cette période que la lutte s'établit.

Après cinq ou six années, le mérite de la découverte, s'il doit être contesté, a été si souvent mis en cause que les tribunaux n'éprouvent plus aucune hésitation à le proclamer, s'il doit l'être. Toute nouvelle contestation sur le défaut de nouveauté ou de réalité n'est plus considérée que comme un détestable moyen de chicane, qui ne vaut à son auteur qu'un redoublement de sévérité.

C'est cependant, pour éviter les procès qu'un brevet pourrait soulever après une existence de cinq années, que la loi mettrait à la charge de chaque inventeur un procès immense, inévitable.

Quel est le breveté qui, pour des avantages aussi tardifs, voudrait s'imposer un tel fardeau ?

Supposons qu'il en existe, ils seront peu nombreux assurément, et la confirmation des brevets n'appartiendra qu'à de rares privilégiés, déjà favorisés par la fortune.

Ceux-là ne manqueront pas de s'en prévaloir sur leurs enseignes et leurs prospectus, écrasant ainsi par l'éclatante distinction qui leur serait accordée la masse des inventeurs.

Serait-elle juste, cette loi si funeste au plus grand nombre?

Le plus beau mérite de notre législation actuelle, c'est l'égalité qu'elle établit entre tous les inventeurs.

Sous le régime proposé, il y aurait trois classes de brevets, sans compter les subdivisions :

1° Des brevets dont la confirmation n'aurait pas été demandée;

2° Des brevets auxquels elle aurait été refusée avant ou après enquête;

3° Enfin, des brevets confirmés.

Nous n'hésitons pas à déclarer, pour notre compte, que plutôt que de consacrer un pareil système, mieux vaudrait nier d'une manière absolue les droits de l'inventeur.

La formation d'un comité spécial, chargé de donner son avis sur les questions relatives aux brevets, est l'objet de l'art. 24 du projet de loi.

Rien n'est plus désirable que cette création. Les tribunaux y trouveraient des garanties précieuses de lumières et d'impartialité. En un grand nombre de cas, ils pourraient, grâce au concours de ce comité, éviter aux parties les frais toujours si onéreux d'une expertise.

Reste une dernière innovation. Elle est ainsi conçue :

Art. 38. « Le gouvernement peut, pour cause d'utilité

publique, et moyennant une indemnité préalable, retirer le droit exclusif d'exploiter un brevet d'invention.

« L'indemnité est fixée par un jury spécial composé de neuf membres, dont trois sont désignés par le ministre du commerce, trois par le breveté, et trois par le premier président et les présidents réunis de la Cour impériale de Paris. »

Jusqu'à présent, le principe de l'expropriation pour cause d'utilité publique n'a été appliqué qu'aux immeubles. Le motif, c'est qu'on n'avait pas conçu qu'il pût être d'intérêt général d'exproprier, à charge d'indemnité, des valeurs mobilières; car, assurément, personne ne songerait à prétendre que ces valeurs ont droit à plus d'égards que la propriété immobilière.

Certaines inventions, cependant, revêtent un tel caractère que l'intérêt public peut en réclamer impérieusement la possession. — Telle est, par exemple, la découverte d'un engin de guerre qui doit établir une supériorité au profit de nos armées; — celle d'un système de frein dont l'efficacité garantirait à l'exploitation des chemins de fer une sécurité plus complète. Nulle disposition ne se justifie mieux que celle qui permettrait d'exproprier, dans l'intérêt de tous et moyennant indemnité préalable, de telles découvertes.

Toutes les chambres de commerce ont donné leur assentiment à cette partie du projet.

En nous résumant, des quatre innovations que nous venons d'examiner, il en est une, croyons-nous, qu'il faut repousser comme contraire au principe fondamental d'une bonne législation en matière de découvertes industrielles. Quant aux trois autres, elles présentent un caractère d'utilité qui doit les faire adopter.

Telles sont les observations que nous a suggérées l'examen du nouveau projet de loi, observations trop courtes assurément, à raison de l'importance des questions soumises au Corps législatif; mais que nous avons dû renfermer dans les limites que nous imposait la nature de ce travail.

PROPOSITIONS.

DROIT ROMAIN.

I. Le paragraphe 1er, *De donationibus inter virum et uxorem*, n'est pas en contradiction avec le fragment 29, *De liberatione legata.*

II. La corréalité active n'existerait pas si la personne interrogée par Titius lui avait répondu avant d'avoir été interrogée par le second créancier.

III. Le système de la compensation judiciaire, qui est celui du droit romain, est éminemment rationnel.

IV. Le possesseur, même de mauvaise foi, pourrait opposer au propriétaire l'exception *doli mali*, pour se faire indemniser de ses dépenses utiles jusqu'à concurrence de la plus value.

V. L'obligation de restituer les fruits existants n'a été imposée au possesseur de bonne foi que par une jurisprudence postérieure à la jurisprudence classique et probablement par des rescrits impériaux.

DROIT FRANÇAIS.

I. La nullité d'un testament fait par une personne dont l'interdiction n'avait pas été provoquée de son vivant peut être prononcée, encore que le testament ne présente aucun signe de démence.

II. Le testament fait par un interdit dans un intervalle lucide est valable.

III. Les donations faites par l'un des conjoints à l'autre ne sont pas révocables pour cause d'ingratitude. Elles le seraient cependant si l'époux donateur avait obtenu la séparation de corps contre l'époux donataire.

IV. Lorsque la renonciation à une succession a été annulée en faveur des créanciers du renonçant par application de l'art. 788, l'héritier du degré subséquent qui avait accepté l'hérédité a un recours contre le renonçant.

V. Tous les débiteurs solidaires sont tenus de la totalité de la clause pénale encourue par l'un d'eux.

VI. Les juges peuvent accorder délai au débiteur, même lorsque le créancier agit en vertu d'un titre exécutoire.

VII. Si l'un des codébiteurs solidaires acquiert une créance contre le créancier, les autres codébiteurs ne peuvent l'invoquer jusqu'à concurrence de la part que doit supporter dans la dette le débiteur qui est devenu le créancier du créancier.

VIII. Lorsque les formalités imposées par la loi à la

cession d'un brevet d'invention n'ont pas été remplies, la cession n'est pas nulle.

IX. Le brevet qui n'est pas limité à un seul objet principal n'est pas nul.

X. Celui qui a été dépouillé d'une invention peut se faire appliquer le brevet par les tribunaux, sans préjudice des dommages-intérêts auxquels il peut faire condamner le spoliateur.

DROIT PÉNAL.

I. C'est aux tribunaux français qu'il appartient de juger l'étranger ayant commis en France un crime ou un délit. Il n'y a pas chose jugée éteignant l'action publique à raison de ce qu'un étranger aurait été dans son pays, soit condamné, soit acquitté pour le même fait.

II. Les art. 66 et 67 du Code pénal sont applicables au parricide, nonobstant les termes de l'art. 323.

III. La disposition qui exige que toute décision judiciaire soit motivée, à peine de nullité, ne s'applique pas à la déclaration de circonstances atténuantes, que cette décision émane du jury ou du juge.

HISTOIRE DU DROIT.

I. La maxime que le droit de travailler était un droit domanial et royal n'appartient pas, comme plusieurs auteurs l'ont prétendu, à un édit rendu par Henri III, en 1583. Ce prétendu édit n'a jamais existé.

II. Henri III a, par son édit de 1581, revendiqué les

droits du pays sur le travail industriel. Cet édit, loin de favoriser le monopole des corporations, a eu pour effet d'en diminuer les abus.

DROIT INTERNATIONAL.

I. Le droit de conservation et d'indépendance d'un État souverain ne peut être limité par un autre État souverain. Ce droit est de ceux qu'on appelle primitifs et absolus.

II. Le principe de non-intervention est la règle générale, et les seules exceptions à cette règle sont fondées sur la nécessité absolue.

III. La contrebande de guerre peut comprendre même les hommes, lorsque ceux-ci ont reçu de l'ennemi une mission hostile à l'autre partie belligérante.

Vu par le Président de la Thèse,
DE VALROGER.

Vu par le Doyen de la Faculté
C.-A. PELLAT.

Permis d'imprimer :

Le Vice Recteur de l'Académie,
A. MOURIER.

www.ingramcontent.com/pod-product-compliance
Lightning Source LLC
LaVergne TN
LVHW020451230826
846091LV00004B/1651

* 9 7 8 2 0 1 6 1 8 6 6 3 3 *